动车组看图识配件丛书

CRH5A型动车组看图识配件

《CRH5A型动车组看图识配件》编委会　编

中国铁道出版社有限公司
2021 年·北 京

图书在版编目(CIP)数据

CRH5A 型动车组看图识配件/《CRH5A 型动车组看图识配件》编委会编. —北京:中国铁道出版社,2017.7(2021.9 重印)
(动车组看图识配件丛书)
ISBN 978-7-113-23285-6

Ⅰ.①C… Ⅱ.①C… Ⅲ.①动车-配件-图解 Ⅳ.①U266-64

中国版本图书馆 CIP 数据核字(2017)第 144725 号

书　　名:CRH5A 型动车组看图识配件
作　　者:《CRH5A 型动车组看图识配件》编委会

责任编辑:孙　楠　**编辑助理:**李润华　**编辑部电话:**(010)51873138　**电子信箱:**jiliang@tdpress.com
封面设计:郑春鹏　**责任校对:**焦桂荣　**责任印制:**高春晓

出版发行:中国铁道出版社有限公司(100054,北京市西城区右安门西街 8 号)
网　　址:http://www.tdpress.com
印　　刷:中煤(北京)印务有限公司
版　　次:2017 年 7 月第 1 版　2021 年 9 月第 2 次印刷
开　　本:850 mm×1 168 mm　1/32　印张:3　字数:65 千
书　　号:ISBN 978-7-113-23285-6
定　　价:27.00 元

编　委　会

前　言

随着我国高速铁路事业的快速发展，动车组运用检修人员的数量在与日俱增，对其能力要求也在不断提高。为进一步服务高速铁路新职人员、动车组转型人员的培训需求，编者对动车组运用检修过程中常见、常用的基础配件进行了统计梳理，根据配件位置分布将动车组配件按车顶部分、车内部分、车下部分三部分来划分，实景取图并规范配件表述名称，编撰形成《动车组看图识配件丛书》。

《动车组看图识配件丛书》共9册，分别介绍了CRH1型、CRH2型、CRH3C型、CRH5A型、CRH380A(L)型、CRH380B(L)型、CRH380CL型、CR400AF型、CR400BF型动车组的配件。本丛书可作为从事动车组运用检修相关的技术、管理人员培训用书，也可作为高速铁路相关专业人员和相关专业院校师生普及型学习用书。

编者

2018年2月

CONTENTS
目录

A CRH5A型动车组看图识配件（车顶部分） 01–20

B CRH5A型动车组看图识配件（车内部分） 21–55

C CRH5A型动车组看图识配件（车下部分） 57–86

A CRH5A型 动车组看图识配件

车顶部分

附加断路器

主断路器

ADD 装置

车顶板

车顶导流槽

车顶导流槽支架

车顶风管

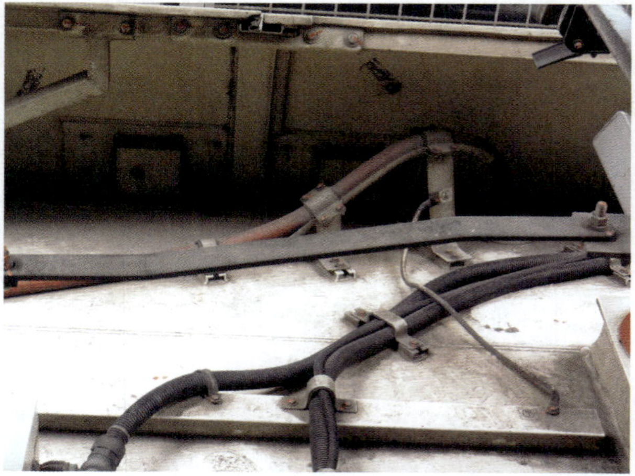

车顶高压导电杆

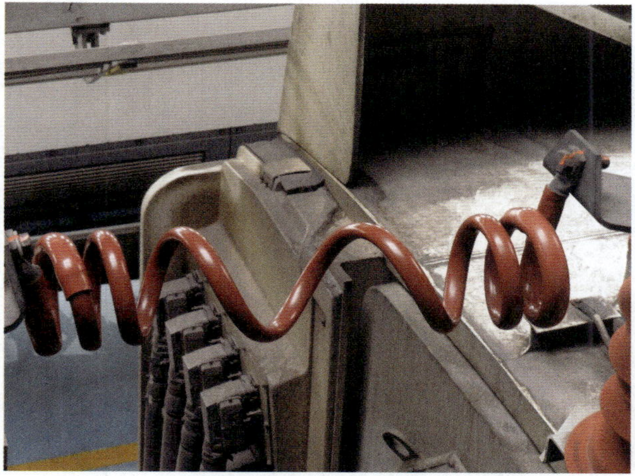

车顶高压跨线

车顶高压连接线

车顶接地线

车间跨线绝缘子

弓角导流板

集成仪表箱

降弓阀

降弓减振装置

升弓气囊

升弓装置安全拉绳

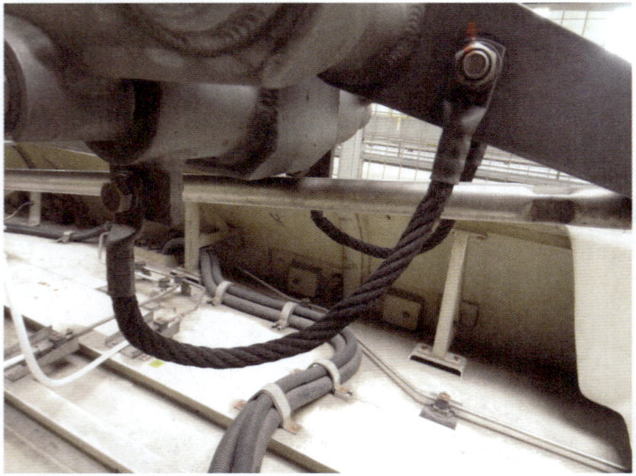

受电弓编导线

受电弓导流翼板

受电弓下导杆

受电弓支撑绝缘子

受电弓主供风管

受电弓阻尼器

避雷器

碳滑板供风管

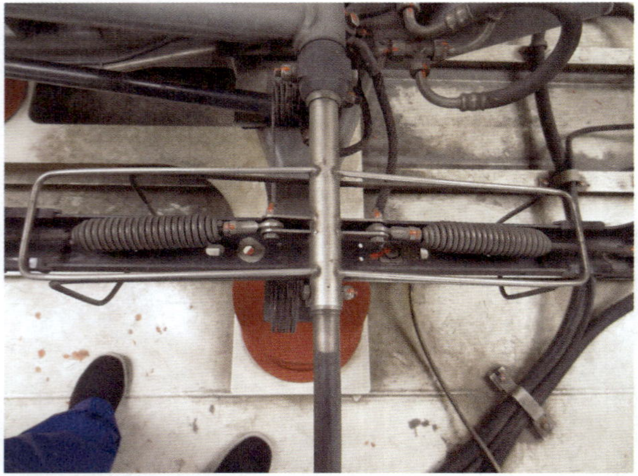

碳滑板平衡簧

制动电阻器

制动电阻器接地线

空调进风口

司机室空调进风口

空调冷凝风机

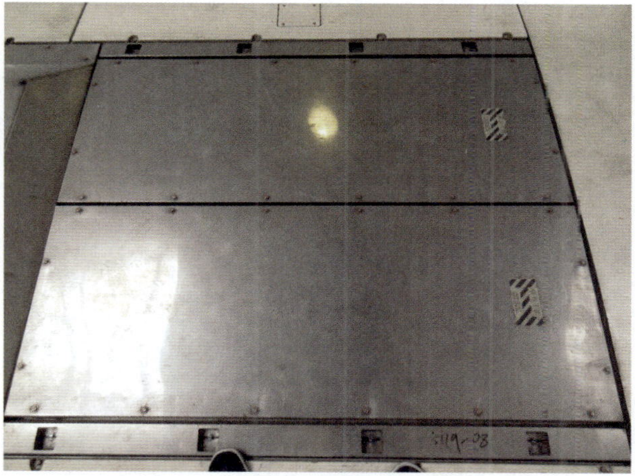

空调装置顶板

B

CRH5A型

动车组看图识配件

车内部分

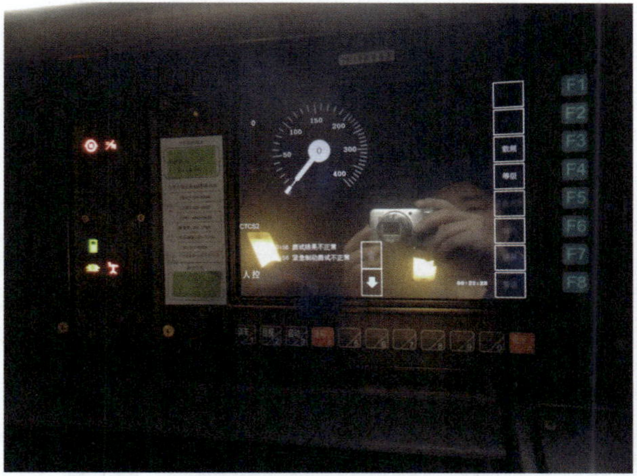

ATP 显视屏

PMU 主机

QCA 柜

QEL 柜

车载设备柜

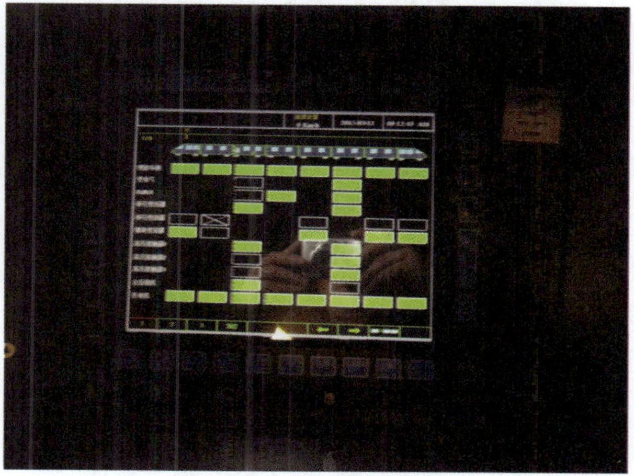

TD 诊断屏

司机室操纵台

牵引制动手柄、换向手柄、恒速手柄

司机室登乘门

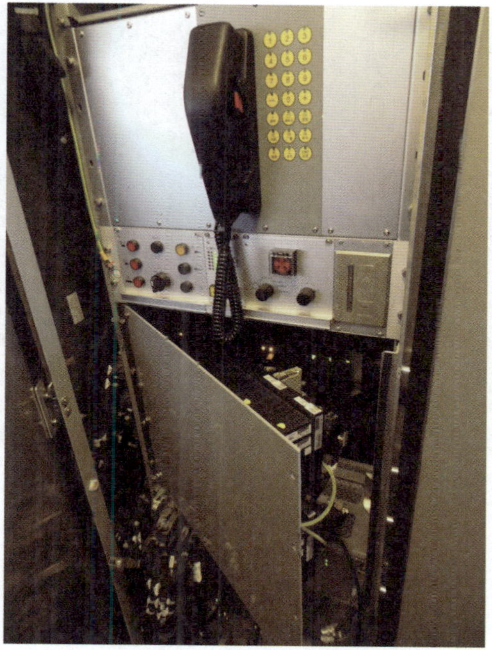

司机室 QRK 柜

司机室紧急制动按钮

司机室配电柜

餐车展示柜

餐车吧台桌

餐车上货门

餐车洗手池

车门状态指示灯

车内电加热器

车内紧急手动开门阀

车内软风挡

客室扬声器

客室电视

车内显示屏

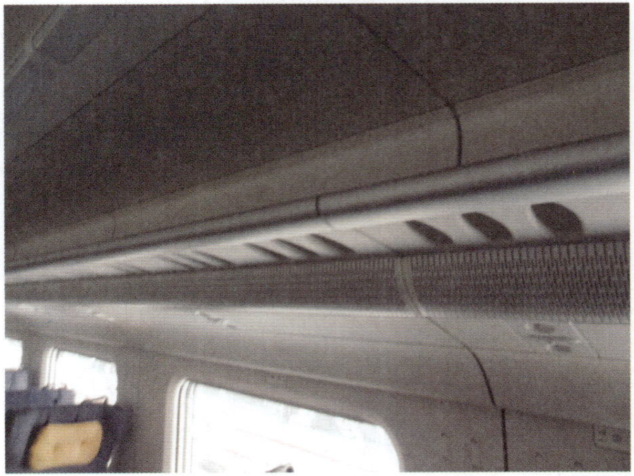

行李架

二等座椅

一等座椅

小桌板

座椅调节钮

一等座脚踏板

一等座阅读灯

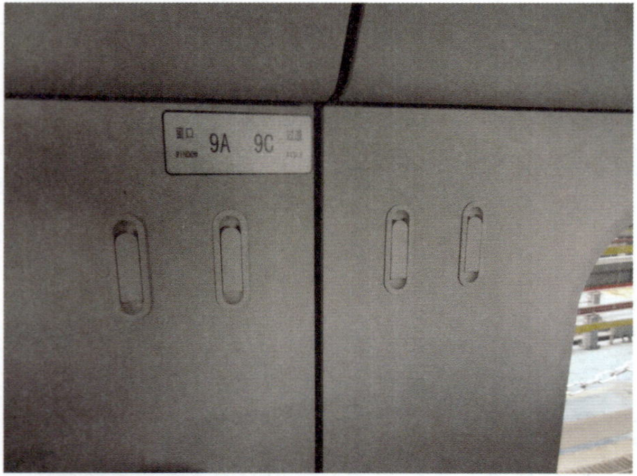

衣帽钩

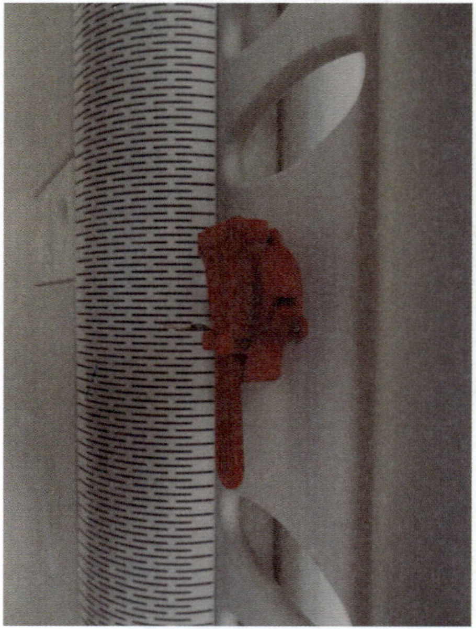

应急锤

婴儿护理台

紧急呼叫设施

残疾人安全带

残疾人紧急呼叫设施

高站台踏板

墙壁小桌板

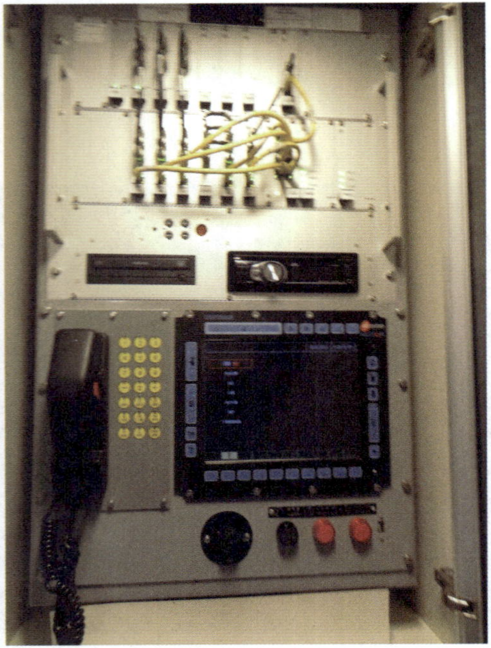

监控室 LT 屏

客室 QRK 柜

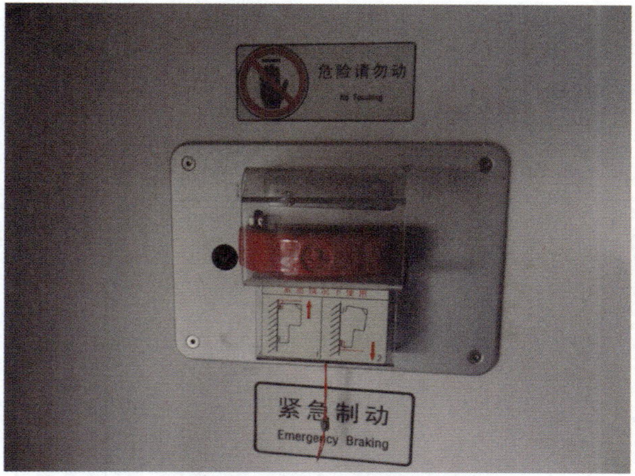

紧急制动阀

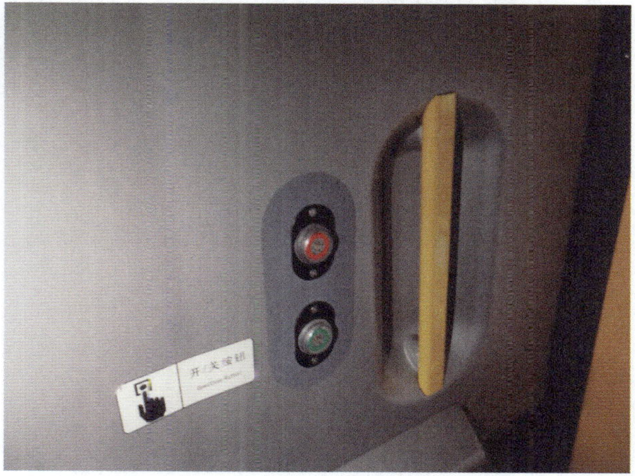

开关门按钮

总风管风压表

制动缸压力表

列车管压力表

卫生间控制器

内部端门

内端门手动锁

内端门隔离锁

内端门开关

塞拉门

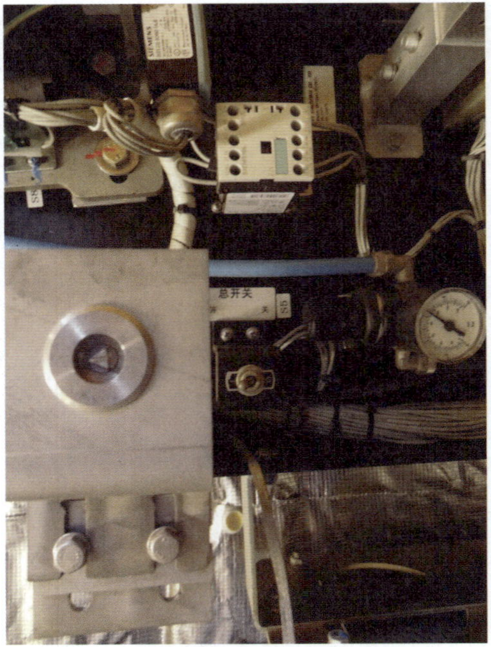

塞拉门 S5 开关

塞拉门风表

塞拉门隔离锁

翻板隔离锁

踏板锁

水雾灭火器

干粉灭火器

大件行李架

电茶炉

洗手池

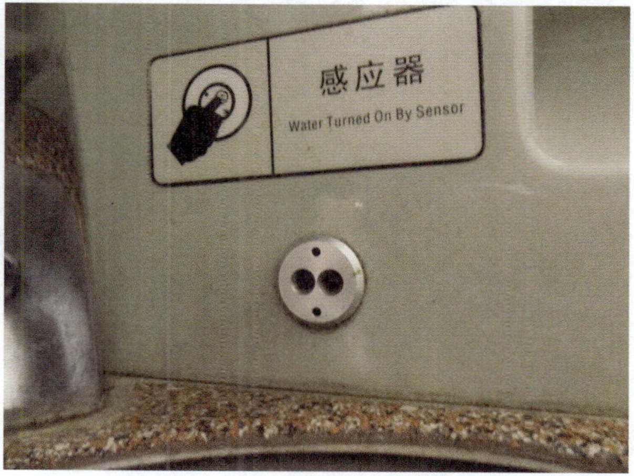

洗手池感应器

蹲便池

坐便器

垃圾箱盖板

C

CRH5A型

动车组看图识配件

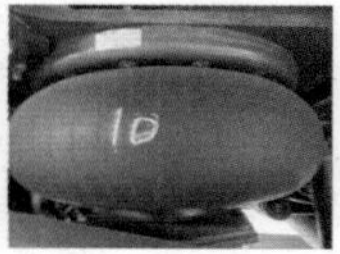

车下部分

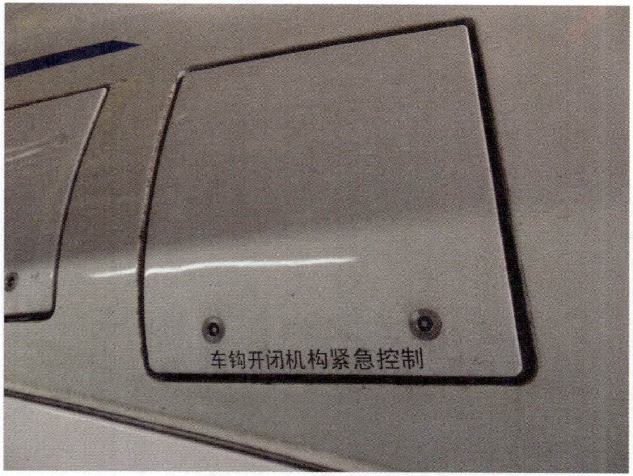

车钩开闭机构紧急控制裙板

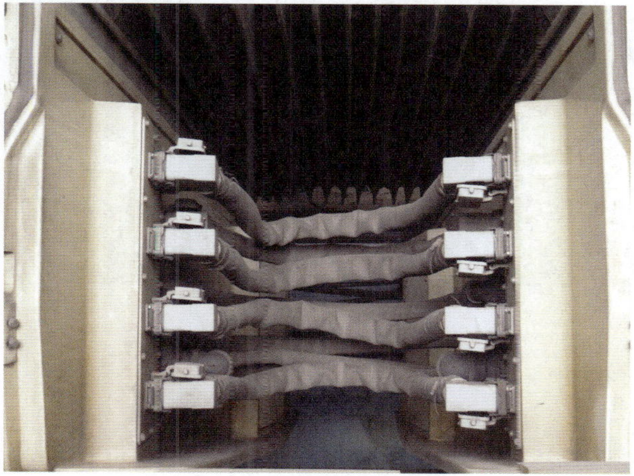

车间高压跨线

车间中压跨线

总风风管

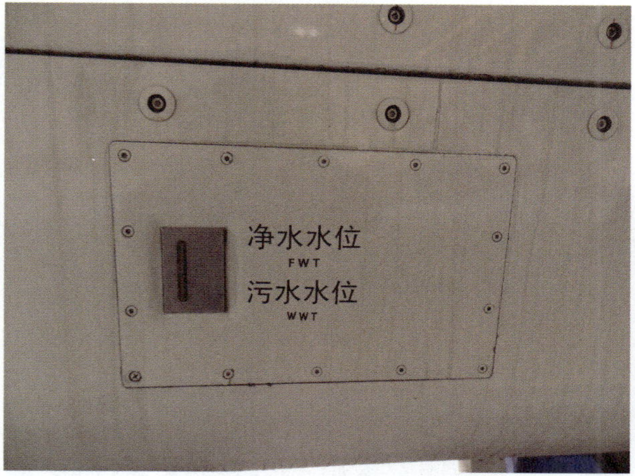

车外水箱液位显示器

车下排水口

低站台车门翻板

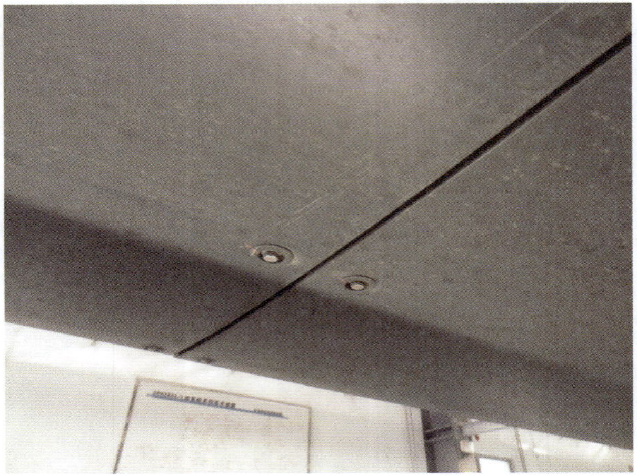

底板

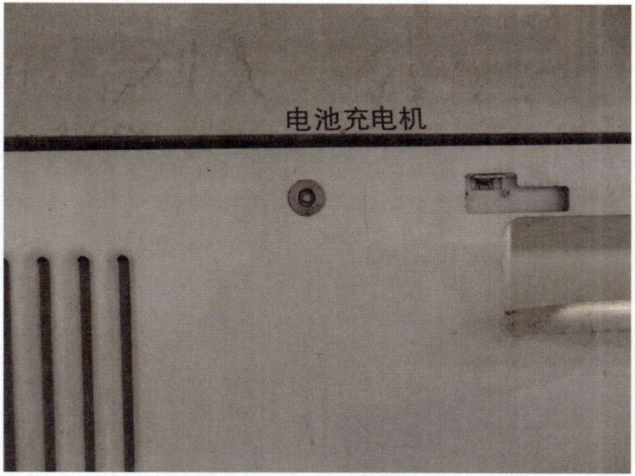

电池充电机裙板

扶钩器

齿轮箱

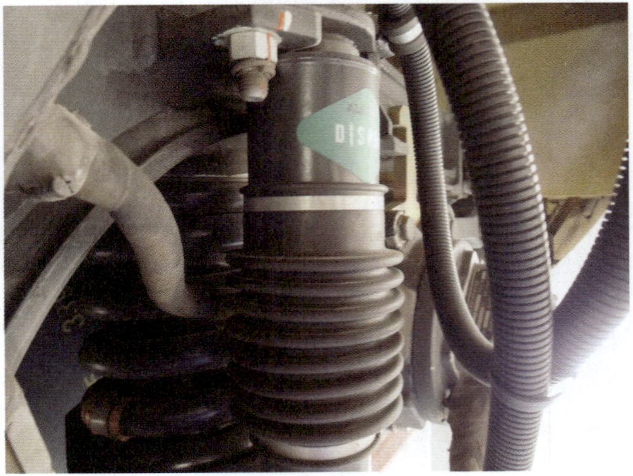

垂向油压减振器

横向牵引拉杆

横向油压减振器

抗侧滚扭杆

抗蛇行油压减振器

客室换气口

空气弹簧

空气弹簧高度调整杆

列车管截断阀

轮对轴身

轴箱弹簧

轴装制动盘

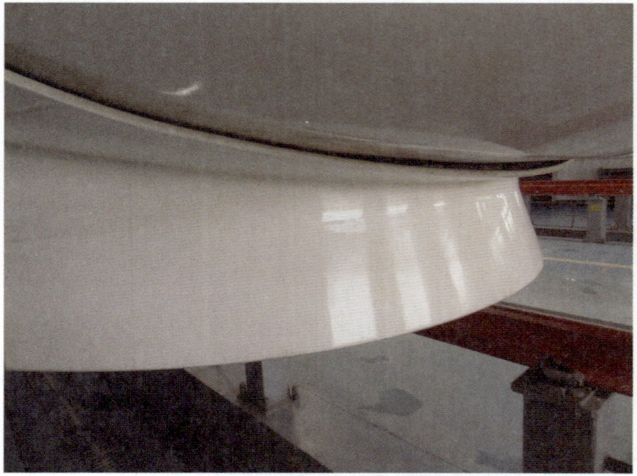

主排障器

闸片

闸片卡簧

闸片托架

闸片制动缸

制动风管

制动显示器

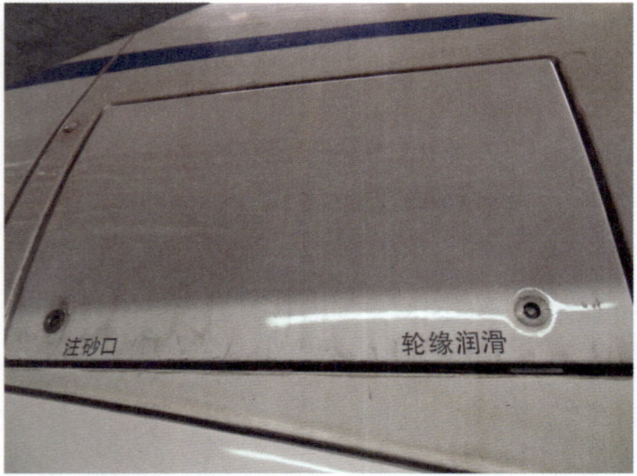

注砂口和轮缘润滑裙板

注水口

轮缘润滑装置及轮缘

车轮踏面

转向架横向止挡

自动过分相感应器

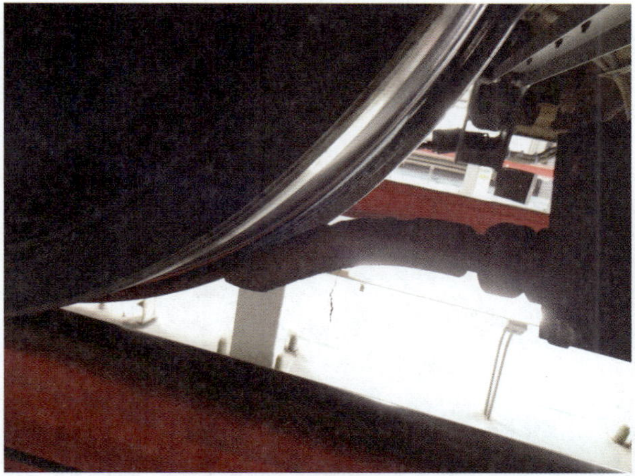

撒砂管

扫石器

砂箱

司机室登乘脚踏板

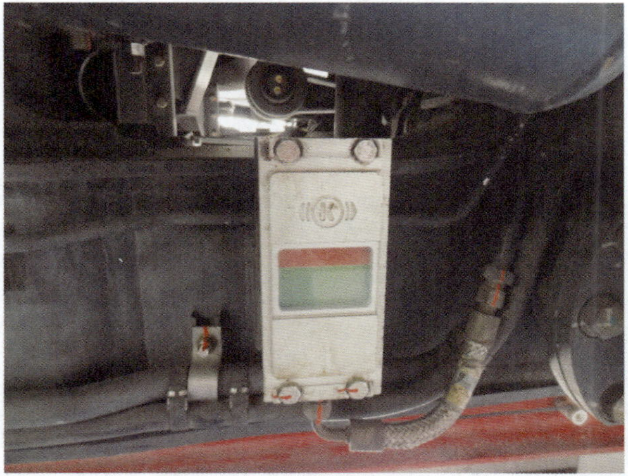

停放制动显示器

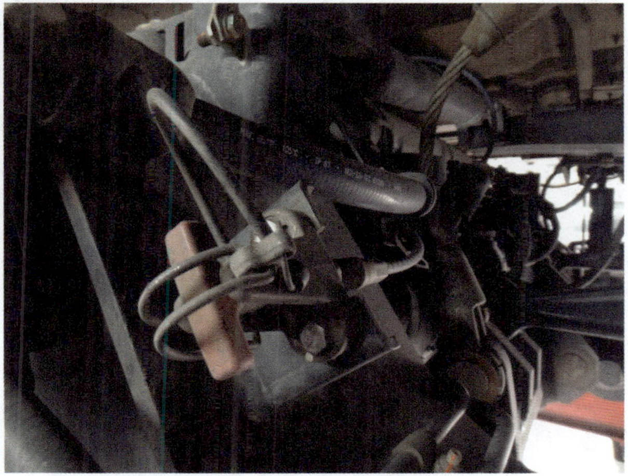

停放制动缓解手柄

万向轴

万向轴防脱架

速度传感器

吸污口

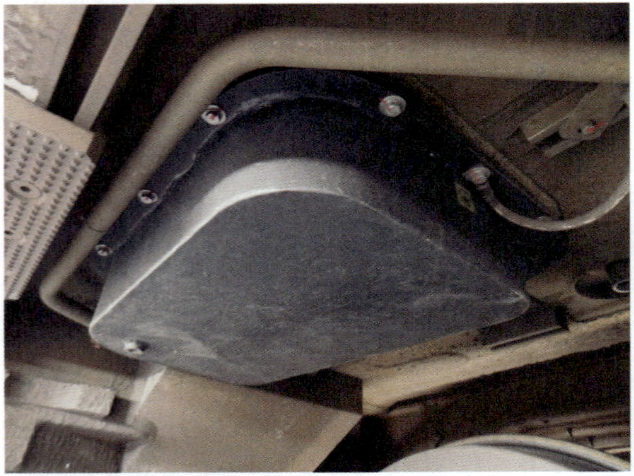

集便器底盖

接地线

车门导雨槽

车外显示器

动车组标识灯

雨刮器

前照灯

车外紧急开门阀

裙板